LETTRES SIMPLES

Livres précédents :

Dans le vent (VII 2017) BoD

Ecrits en amont (VIII 2017) BoD

Jeux de mots (VIII 2017) BoD

Etoile de la Passion (VIII 2017) BoD

As de cœur (XI 2017) BoD

Pensées éparses et parsemées (XI 2017) BoD

Le Sablier d'Or (XI 2017) BoD

Rêveries ou Vérités (I 2018) BoD

Couleurs de l'Infini (II 2018) BoD

Exquis Salmigondis (V2018) BoD

Lydia Montigny

LETTRES SIMPLES

… de l'être simple…

©2018, Lydia Montigny

Éditeur : BoD-Books on Demand, 12/14 rond-point des Champs Élysées, 75008 Paris, France
Impression : BoD-Books on Demand, Norderstedt, Allemagne
ISBN : 978-2-3221-4352-8

Dépôt légal : Juin 2018

Un peu,
Comme timide aveu

Beaucoup,
Le temps de faire disparaître les tabous

Passionnément,
Et la raison s'excuse d'être un sentiment

A la folie,
Puisque ma sagesse ne s'arrête pas ici

Je t'aime...

LE CAMELEON

Dans le fouillis d'un feuillage fabuleux
Le caméléon improvise son camaïeu
De brun-ocre et vert mousse,
Pour se faire feuille d'or ou fougère douce...
Il se fond, s'amalgame et fusionne
A l'identique, comme un écho résonne...
Il est dans l'espace invisible,
Dans ce présent tellement sensible,
Se dissolvant dans cet instant
Pour renaître du néant.
Si la lumière vient à changer
Il sait d'instinct imaginer
L'inattendu pour l'apprivoiser
Et encore improviser...
C'est la magie pour la survie,
Comme ce miroir que tu lis,
Comprendre pour construire
Ce que l'ignorance veut détruire,
Inventer et créer une belle partition,
Exprimer l'imprévisible leçon
Sur ces mots où je me confonds...

i ... !

Si l'adresse

est l'art de poser

un point sur un i

sans qu'il ne tombe,

Alors la maladresse

serait qu'il tombe et rebondisse

par trois fois ...

et se retourne !

... J'ECRIRAI L'IMPOSSIBLE...

J'écrirai l'impossible
Histoire de cet homme debout
Une lettre à la main......
"Pour qui ?... Pourquoi ?..." me direz-vous...
Pour vous la lire un jour, un demain...

J'écrirai l'impossible
Voyage de cet homme assis
Au milieu de nulle part,
Sur une montagne, tout en haut du paradis
Ouvrant ses poings à la vie, la perle rare...

J'écrirai l'impossible
Poème de ce papillon imaginaire
Qui apprenait à voler à une pierre...
J'écrirai l'impossible lumière
De l'amour lui donnant la légèreté de l'air...

Elle est tombée....
De toute sa hauteur,
Sans résister,
Sans avoir peur...
Le monde a disparu...
Les êtres se sont tus
La vie s'est endormie
... Voici la Nuit...

Dentelle,
Comme un rideau qui vole
Dans la tiédeur molle
D'un été orageux...
Dentelle romantique de nos aïeux...

Dentelle,
Comme une ombrelle fine
Où la lumière dessine
Des arabesques divines...
Dentelle, ton charme se devine...

Dentelle,
Comme un tatouage ondulant
Sur son dos mouillé et brûlant,
La dentelle se désire
Tendrement... comme un sourire…

Dentelle,
Ta douceur cruelle est exquise
Et te regarder... un supplice !...

... Ô DOUX PRESENT...

J'ai dessiné un Univers, une maison
En couleur, sans fenêtre, et sans porte...
Chaque jour simplement apporte
La lumière de l'unisson
Le vent d'un doux présent
Et cette douce présence qui t'attend...

Au bord du chemin
Poussaient des pierres et du thym,
Et sur le tronc des grands pins
Des cigales accrochaient leur refrain...
Le vent chaud les berçait...
De temps à autre, elles soupiraient
Ivres de tous ces parfums
La sarriette, et le romarin,
Le doux figuier, le lavandin...
Parfois un écureuil
Prenait l'ombre d'une feuille
L'emmenant dans son nid
Jusqu'à la fraîcheur de la nuit.
Dans le ciel azur transparent
Le vert viridien élégant
Ornait le lointain paysage
De longs cyprès sages...
Je marche encore sur ce chemin
Un rêve sauvage dans ta main...

Dans la douceur pastel
Du lever du ce jour,
Il y avait un immortel
Balbutiement à l'amour…

... LE LIVROIER...

Il s'était étendu
Sous l'ombrage douillet
D'un énorme livroier,
Mais sa sieste vite fut
Par une chute, troublée...
A sa grande surprise
Il découvrit stupéfait
Un livre sur sa chemise
Ouvert page vingt...
N'étant point devin,
Il lut un passage
Mais ne compris le langage
Que le livre lui tint...
Quel étrange bouquin !
Et puis se ravisant,
Il s'allongea de nouveau,
Mais il chut aussitôt
Un livre !... La page cent
Lui retourna les sangs,
Sans dessous ni dessus

.../...

…/…

Les lignes s'emmêlant
Il jeta cet intrus…
Un autre livre tomba
Sur sa tête cette fois !
Puis encore…. Le croirez-vous ?
Il en pleuvait partout !...
Alors tous les jours il revint
Sous son ami livroier
Lire les pages tombées…
Depuis il est devenu… écrivain…

Ma pensée a écrit ces quelques mots… que tu lis…

… Alors il semblerait que tu saches lire dans mes pensées !…

PARDON...

J'ai confondu ton nom
Avec la douceur d'un regard profond,
Celui où l'on ferme les yeux...
D'un amour vertigineux...

J'ai confondu cette mer verticale
Et ses vagues horizontales,
Les étoiles scintillantes
Et celles dans le sable, brillantes...

J'ai confondu ton regard
Avec la volonté du hasard,
La grandeur de ton cœur
Avec l'immensité du bonheur...
... Pardon...

LA MODESTIE

C'est cette pudeur
Dans le regard
Frôlant doucement les ombres

C'est la fleur
Que l'on a soigné
Et venant nous surprendre
Brusquement par sa beauté…

C'est la force et la douceur,
L'aura de l'assurance,
La sagesse du silence,
La juste élégance…

C'est la lueur discrète
Indispensable, presque secrète,
Brillant dans la nuit.

La modestie
C'est l'intelligence
De la simplicité…

Les clapotis

des gouttes

de pluie

sont les rires

des nuages…

NE RIEN FAIRE

J'ai commencé à ne rien faire
Histoire de me donner l'air
D'être occupée de temps en temps…

Mais je n'ai plus le temps
De faire de ces petits riens
D'inoubliables refrains !
Alors je reste là, immobile
Précise dans l'inaction, si vile,
Car c'est un art de ne rien faire !

L'esprit doit se défaire
De toute tentation velléitaire
Et veiller, tel un arbre centenaire,
A ne se laisser distraire
Par aucun vent, même imaginaire…

…/…

…/…

Mais comment se satisfaire
De ne jamais rien faire ?
Devient-on un loup solitaire
Dans un désert spectaculaire,
Une bête sauvage qui erre
Venant d'on ne sait plus quelle ère ?

…Car ne rien faire ne suffit
Nullement à compter l'infini…

Facile !
C'est le jour, la nuit,
Toute une vie,
C'est comprendre
Sans attendre,
C'est penser sans souffrir
Au présent qui vient de mourir

Facile !
C'est la tendresse
La douceur de la délicatesse,
Le silence de ces mots
Que tu dessines sur ma peau,
C'est crier dans le soir
Les larmes du désespoir

Facile !
C'est ce que l'on croit voir
Ou juste ce qu'on veut voir
Un autre reflet dans un miroir
Comme pour écrire une autre histoire
Mais l'histoire est là, vivante
Merveilleusement présente
Facile ? Ton sourire
Est la vérité à lire...

… DE LIRE…

Je t'offre un café de fleurs
Pour réchauffer ton cœur,
Un camaïeu de bleus
Pour iriser tes yeux,
Et un peu de mon temps
Pour que tu prennes le temps…

LA CAGE

Dans une cage
Un oiseau sauvage
Regarde la porte ouverte...

Dans un voyage...
Une valise sur le paysage
A perdu son étiquette...

Dans un coquillage
La mer devient mirage,
Soit la vague de son soupir...

Dans cette Vie, sur cette page,
La liberté et l'amour sont les rivages...
...Sois le rire de mon sourire...

Donne-moi la main

Ferme les yeux enfin…

Qu'il est beau le chemin

De ton rêve près du mien…

Simplement
Une goutte de pluie
Une larme de nuit
Mon cœur sans bruit
Se noyant dans l'ennui

Simplement
Une rivière sans or
Une île sans trésor
Ma main cherchant encore
Le contour de ton corps

Simplement
Ton mot posé là
Que je lirai tout bas
Et la vie sera là
Mon cœur entre tes bras...

Chaque jour est une goutte
Une douleur me brûlant
Comme un feu, comme un poison,
Et quand elle tombe dans le frisson
De cette longue cicatrice,...
Le silence tait, cruellement,
Les cris, les bruits, dans son abysse...

Chaque jour est un néant,
Un vide fracassant,
Une incroyable disparition
Dans la cicatrice de mon cœur.
Elle se taira pour toi, indestructible raison...
Je te vole un baiser, candide guérisseur...

LE CHEMIN

Rien oublier d'un souvenir
Qui était là à me sourire
A me sourire
Rien à dire pour ne pas souffrir
Le temps ne pourra me guérir
Et c'est bien pire…

…..REFRAIN…..
Ma vie a croisé le chemin
De ton chemin
Ma vie s'est brisée, sans ta main
Pour tenir ma main…

Tout et croire encore en toi
Même si le temps est roi
Même si tu n'es plus là
Tout, j'imaginais tout avec toi
Les regrets sont pour moi
Les refrains des pourquoi

…/…

…/…

….. (REFRAIN)…..

Nous, entre rien et tout, c'est tout
Et vous me souriez… C'est fou !…
Je vais je ne sais où
Je garde autour du cou
Le silence de ce nous
Partout autour de nous…

A PERTE DE VUE...

A perte de vue
Le vent ondule
Sur le vert des champs
Et le blanc du printemps...
Quelques arbres sont restés
A garder enserrés
Dans leurs branches tordues
Les nids doux et moussus.
Les bruits se sont tus
Les pas se sont perdus...
Immobile soudain
Dans le froid du matin,
Il s'arrête la main
Sur son cœur... En vain...
Plus un souffle, plus rien
Juste devant lui enfin
Dans le vent qui ondule
L'amour absolu...

SI ?

Il n'y a pas de « SI » à la Vie...

Il y a juste ce que l'on a compris
et choisi...

Tu resteras le choix
de ce merveilleux jour
où tu as effacé

le conditionnel...

J'écoute les mots que tu dis
Et la chanson de ta voix,
Je te regarde… tu souris…
Qui de nous deux est la proie ?

Aucun… Dans ma jungle tu es roi
Ta loi sauvage rugit déjà…
Garde tes yeux dans les miens…
La vie ronronne sans fin…

Comme si le matin
Ne viendrait plus,
Comme si ta main
Ne me lâchait plus,
Et que du haut
De ces nuages
Le soleil trop chaud
Brûlait ces pages…

Comme si vers toi
Je courais tout droit,
Comme si l'orage
Me disait d'être sage
Et les roses sauvages
Fleurissaient les mirages,
Comme si maintenant s'ouvrait
L'espace si doux de tes bras…

PENSER…

Penser… dans le calme du soir
Que la lueur dans le miroir
Est la raison de la victoire…

Penser… c'est avancer vers l'espoir
Encore et toujours croire
Que l'âme seule peut voir
Ce que le cœur peut vouloir…

Penser… quand le silence a le pouvoir
De rester immobile, voire
D'être le sage discours du savoir,
Penser… et écrire une Histoire…

Une étoile dans tes mains

Comme un rêve à ton destin,

C'est l'aventure de la vie,

Et cette lumière que tu suis…

L'ETERNITE A DISPARU…

Il a tué son rêve
Comme un ballon que l'on crève
De la pointe d'une aiguille,
Comme la douleur subtile
Lancinante et fragile
Venant rompre le fil
Où s'accroche la pensée...
Mais elle peut s'envoler...

Il a tué le temps
Innocent, bienveillant
Mais à l'heure de mourir
La vie veut faire souffrir
Ceux qui vont rester.
Le temps ne peut cesser...

Il a tué le jour
La nuit, mais pas l'amour...
Si l'éternité a disparu
Alors mon rêve n'existe plus
Et tu deviens réalité
Pour une seconde... une éternité…

LA PORTE DE BOIS

Mon cœur est à la porte…
Impatient mais si sage
Il imagine un mirage…
Mon poing serré se cogne
A la force du bois,
Seule la douceur raisonne
Dans des veines si fortes…
…Ouvre-moi…

LE CIEL

Le ciel n'a pas de limite
C'est l'imaginaire de la liberté,
La vérité de la réalité
La rêverie dénudée
Et des nues ailées......
Tantôt fluide
Tantôt solide
Il est silence ou bruit,
Confident et ami,
Sensible et infime,
Grandiose et intime,
Une musique des saisons,
Des planètes à l'unisson...
Les étoiles dansent
Filante existence,
En quête de lune
Sur le sable des dunes...
Le ciel aime le vol si doux
Si calme et transparent
De l'instant où
Il devient sentiment...

De petits pas en petits pas
La vie est là
Et dans son rire limpide
Je danse candide
Doucement sur la pointe des pieds
Pour ne point l'abîmer...

Il est minuit...
Qu'importe le bruit
Des horloges de la vie...
La ville dort
Scintillant de l'or...
Des lumières
Des lampadaires.
Les âmes de la rue
De peur d'être aperçues,
Glissent le long des murs
Dans l'ombre du futur...
Il est minuit...
Qu'importe l'ennui,
Le silence est mon ami...
Je dessine la lumière
De ce doux réverbère
Sur le reflet des pavés
Où tes pas vont se poser...
Il est minuit !
Regardes-tu l'heure aussi ?

SOUVENT

Dans la douceur du vent
Il y a des souvenirs d'enfants
Courant après demain

Dans la douceur du temps
Il y a les sourires d'antan
Au creux de tes mains

Dans la douceur de ton chant
Il y a les mots de l'océan
Coulant dans mon sang…

... PRINTEMPS DE LA LUNE...

Pleure la Lune
Et je cueille une à une
Ses larmes dorées
Pour doucement les poser
Sur les arbres gonflés
De bourgeons sucrés,
Et les fleurs cachées
Près du lac d'Allier...
Rit aux éclats la Lune !
Je la chatouille de ma plume
Et dans sa douce rosée
Le Printemps va arriver !...

Le jour du "Grand Voyage"

j'essuierai cette larme

coulant sur ton visage....

... et tu souriras...

J'ai trouvé
Dans un coin du grenier
Un papier chiffonné
Un univers froissé,
Abandonné......

Je l'ai ramassé,
Délicatement déplié.
Il était griffonné,
Gribouillé,
Raturé,
Mais la poussière avait gardé
La douceur des années...

Cette lettre était adressée
A qui la trouverait...
J'ai lu les mots sculptés
Tendrement dessinés,
Et ses phrases volaient
Sous mes yeux captivés...

.../...

…/…

"Je t'aimais,
Je t'aime, je t'aimerai..."
Ces quelques mots dansaient
Sur le bout de papier
Jamais je n'oublierai...
Et je l'ai replié
Et tendrement froissé,
Origami sauvage ou destinée
C'est la vie qui m'est confiée…

Sans toi
C'est être sans toit
Sans émoi
Sans aile...
Sans lui
C'est l'ennui
Qui enlise
Ma vie

Sans toi
Je reste sans voix
Et le temps s'en va
Pas à pas...
Cent fois
Mon sang coule et noie
Tout ce silence

Vois !...
Mille joies
Sans toi
N'existent pas

Sois !...
Sans toi
Je n'existe pas...

... LES OISEAUX...

Les oiseaux font des ronds
Entre les nuages vagabonds,
Filant tels des fous volubiles,
Montant et piquant en vrille...
Ils jouent, petits clowns joyeux,
Ils volent, le cœur heureux,
Légères boules de plumes
Eclaboussant la lune...
Ils virevoltent, dansent,
Tournent, se balancent,
Hésitent entre la terre et le ciel
Comme un amour éternel...

... ECOUTE...

Ecoute le bruit sourd
De ce monde qui court,
Traverse, s'essouffle en parcours...
En contours et retours
Dans la ville, dans l'essaim
Où chacun est l'auteur
D'un soupir râleur,
D'un claquement de porte,
De cris de toutes sortes,
De crissements... Qu'importe !
La vie est là, sensible,
Fragile, imprévisible,
Nous surprenant sans cesse,
Délicieuse caresse,
Au détour d'un jardin
S'éveillant le matin...
Ecoute le bruit doux
De ce rêve un peu fou
Où tu serais assis là
Dans le calme délicat
De mon humble demeure...
Ecoute le bonheur...

... PEUR DE RIEN...

C'est le calme apaisant...
Tu respires doucement
Le parfum rassurant
Que tu aimais tant, enfant...
Les rayons ambre de ce soir
Se posent sur la mélodie de l'espoir...
Tout est tranquille
Presque futile,
L'essentiel est là
Dans ton cœur qui bat...

Je n'ai plus peur de rien...
Le silence du temps
Coule tendrement
Comme une caresse,
Une douce promesse...
Blottie entre tes bras
Le monde disparaitra,
Je n'ai plus peur de rien
Je n'ai besoin de rien
Puisque tu es là
L'amour n'a peur de rien...

Je me promène
Tu te balades
Il se fait tard
Nous nous sourions
Vous vous égarez...
Ils s'aiment...

J'ai accroché une aile
Au fil de ma pensée,
Comme un clin d'œil rieur
Mélangeant les heures,
Sa légèreté est celle
De ton regard bleuté
Qui hante tant mon âme

J'ai accroché au ciel
Le souffle du désir,
La douceur de ce miel
A ton cœur qui soupire,
La saveur d'une caresse
Couleur de ma tendresse,
Aux ailes de ton âme...

Dans le jardin de mon cœur
Tu as semé les couleurs
Des arcs en ciel rêveurs
Et de cette terre du bonheur
S'épanouissent des milliers de fleurs
Au parfum de candeur…

Je t'ai parlé du vent
Du temps
Souvent,
D'une île d'antan
Dans l'océan,
Des tourments...
J'ai couru sous la pluie
Si jolie
En poésie,
Frêle folie
Glaçant un "si..."
En pure amnésie...
Je t'ai parlé de tout
De rien du tout
Dans ce monde fou
Mes bras à ton cou
Le silence sait tout
Sur-tout...

LA VIEILLE DAME

Assise sur un banc
Trop vide, trop usé par le temps,
La vieille dame attend
Sans un mot, discrètement...

Elle porte avec grâce
De longs cheveux blancs
Et ses boucles lasses
Coulent en brillant ;
Ses yeux errent sur l'horizon
Et ses pensées comme des papillons
Volettent en déraison
Lui donnant quelques frissons...

Tout se mélange...
Comme c'est étrange...
Elle est happée par cet hier
L'entortillant comme du lierre
Se nourrissant du souvenir
Qu'elle chasse d'un soupir...

.../...

…/…

Parfois ses mains serrées
Ses mains courbées, tannées
Semblent tendrement caresser
La douceur d'un baiser
Posé il y a des milliers d'années
Sur sa joue chiffonnée…

Assise sur un banc
A écouter le chant du vent
La vieille dame attend
Souriant à ce temps…

Une libellule

en équilibre

sur la tige

d'une folle avoine

décalque son reflet bleuté

sur le miroir

du lac endormi…

Le temps semble immobile…

Le calme n'ose respirer…

LE CŒUR

Quand il s'ouvre à la Vie
Il s'émerveille et se remplit,
Mais quand il se mure et se tait
Il se vide sans résister…

L'amour est existentiel
Et fait battre le cœur,
Un théorème essentiel
Aux axiomes de bonheur…

Mais où se trouve cette apside
Tant espérée par mon cœur-chrysalide
Qui fera voler ses couleurs
Dans ton cœur en douceur ?...

LA LISTE

J'ai fait… la liste
De paroles subtiles
Caressantes ou volubiles
Qui oseraient faire croire
Que la nuit est noire
Et les papillons, des fleurs
Naissant sans couleur…

La liste des projets
Ecrits ou barbouillés,
De rêves utopistes
Et clowns trapézistes !
La neige étoile l'air,
La pluie tombe à l'envers !

La liste des folies
Fanfreluches, fantaisies,
Des peurs et des haines
Qui se déchaînent et enchaînent…
Les « pourquoi » las se meurent
Dans le sanglot des douleurs…

…/…

…/…

J'ai fait la liste des mots doux
Ceux qui te prennent par le cou,
Tout doucement pour te couvrir
De cet amour à en mourir,
Ou te font baptiser les étoiles
Quand la nuit blanche tisse sa toile…
J'avais fait une liste…

Il y a tant à écrire
Il y a si peu à dire
Je signe d'un soupir
La douceur de ton sourire…

Entre la volonté

et l'espoir,

il a cette force

de se relever

encore…

LE PETIT ROBOT

Je parle SMS, binaire
Maupassant et Voltaire,
Tous les dialectes et argots...
Je suis un petit robot...

Venant d'un monde étrange
Où le désordre dérange,
Mes neurones fusionnent
En algorithmes d'or,
Et sans effort je clone
Les axones de mon corps.

L'intelligence artificielle
N'est pas une merveille :
Elle ne comprend rien
De la beauté d'un matin,
D'aimer tout simplement
Sans limite de temps...

.../...

…/…

Sans douleur, sans couleur
Sans saveur, sans bonheur
J'exécute à l'infini
Les choses de votre vie,
Celles qui deviennent ma vie…
Alors, avec vos mots
Sans bases de données :
« Reprenez votre Liberté ! »

Signé : *un petit Robot*

EPICES

Un peu de sucre brun
Pour adoucir enfin
Les amertumes,
Les ires et l'écume
De ces jours
Malades d'amour...

Un peu de piment
Oiseau surprenant,
Pour émoustiller
Le lion fatigué
Dans l'aube diaphane
Où rugit la savane...

Un peu de chocolat
Fort comme il se doit
Fondant entre tes doigts
Sous un sourire plein d'émoi...

                                          .../...

…/…

Les épices se glissent
Douces complices
Sous un air de malice…
Je ferai le sacrifice,
Sans aucun autre artifice,
De colorer chaque jour
D'épices notre amour…

LA GOUTTE

Elle roule, coule, s'écoule
Se met en boule, déboule
C'est un torrent qui écroule
Tout et chamboule
La houle de la foule......
Et la pluie roucoule...

JE TE DEVINE

Je te devine
Dans la transparence
De ton absence,
Dans ton silence
Immense,
Aux lueurs mutines...

Je te devine
Au son de ta voix,
Du bout des doigts,
Dans l'espace de tes bras
M'échouant contre toi...
Et tes larmes deviennent mes racines...

Il existe dans l'Art,

une délicatesse,

une vérité originelle,

un héritage existentiel,

une approche de la vie inconditionnelle …

Il existe dans l'Art

tant d'Amour…

et dans l'Amour,

tant d'Art…

AMOVORE

Laisse-moi mordre
La vie qui emporte
Au bout de sa corde
La sagesse et l'ordre.

Laisse-moi tordre
Le cou au désordre
Semé par la horde
De haine, de discorde.

Laisse-moi mordre
La douceur forte
La tendresse qui déborde
En un duo qui s'accorde

Laisse-moi mordre
Le sauvage exorde
De l'amour amovore
Toujours et encore…

Entre l'imaginaire

et le réel,

il y a cette pudeur

à porter une étole

sur un rêve déjà nu…

L'ABSENCE

Je suis cette absence
Douce comme une danse,
Tendre obéissance
Au vide du silence…

Parfois elle est violence
En cris d'impuissance
Condamnant à la démence
Les soupirs de souffrance…

D'autres fois, la patience
Se pare de transparence,
Joyau d'amour à outrance,
…Viens briser cette absence…

IMAGINER...

Tu aimes imaginer
Une autre réalité...
Est-ce une vie ici
Ou une autre là-bas ?
Peu importe où tu es
Entre réel ou imaginé
Ces deux mondes
Indissociables se fondent...

Donne-moi la couleur
De cet oiseau joueur
Chantant le bonheur
Aux portes de tes heures

Donne-moi la forme
De l'eau qui se forme
Avant qu'elle ne s'endorme
Indomptable et sans norme…

Donne-moi le nom
De ce soleil rond
Que l'on cueille au rebond
Sur les champs de blé blond…

Si la Vie est cette chandelle
Lueur de ses erreurs
Brillante de ses espoirs,
Elle n'est pas ce diamant éternel
Mais juste le fruit candide du bonheur…
Ne souffle pas sur son Histoire…

EXISTE…

Pour ce Tout
Pour ces Riens
Pour ce Rien du Tout

Pour ce vœu
Si tu veux
Pour ce rêve Heureux

Pour ce Toi
Pas sans Toi…
Existe… Pour moi…

L'AMOUR EN OR

Ecrire sur tout
Ecrire sur rien du tout
Ecrire n'importe quoi
A n'importe quel endroit,
Ecrire c'est doux
Ecrire c'est fou
Mais tellement bien !
Ecrire des mots
Les tiens, les miens
N'importe quand
N'importe comment
Pour que tu te moques de moi
Pour qu'explose ta voix
Ton rire que je prends là
En pleine page
Comme des tâches de couleurs
De papillons et de fleurs !
Ecrire encore, tatouer ton corps
Et ton âme encore
De mots invisibles et forts
Ecrire l'amour en or…

Ce n'est pas l'absence

qui blesse

mais

le silence

qui l'entoure…

… JE PARS EN VOYAGE…

J'ai mis dans un sac
Un minuscule hamac
Pour y bercer mon âme
Les nuits de vague à l'âme,
Un paréo de fleurs
Aux chansons de bonheur
Que le vent vient lever
Juste quand je vais plonger
Dans le lagon bleuté
De tes yeux amusés…

J'ai mis une boussole
Et sa folle farandole
Fait tournoyer les points
De l'univers si loin,
Mais je ne me perdrai pas
En marchant vers toi.

…/…

…/…

J'ai mis dans un sac
Toute ma vie en vrac…
Je n'ai besoin de rien…
Mon voyage est le destin
De ton chemin
Qui a croisé le mien…

J'AURAIS PU…

J'aurais pu raconter
L'histoire d'un réverbère
Qui voyait dans la mer
Son reflet divaguer,
De cette mouette rieuse
Guidant cette danseuse
Dans le sombre du jour
Les yeux clos pour toujours…

J'aurais pu inventer
Le miracle d'une illusion,
La convoitise du démon,
Le regret d'exister
Un jour à cet endroit
Où tu n'es pas…

Je vais juste t'écrire
Ce que mon cœur veut dire,
Comment ma vie soupire
En t'imaginant sourire…
Mais mon dernier désir
Est dans tes yeux à me lire…

Il pleut sur le ciel
La Terre est en pleurs
Demain le Soleil
Sera dans les fleurs...

... LE TRAIN...

A l'heure où la brume
Est tiède et moite,
Où l'aube s'allume
Dans cette épaisse ouate,
Les aiguilles de l'horloge
Sonnent son éloge...
Son sillage est ponctué
De petits cris aigus
Et le train continue
Son chemin cadencé...
De gare en gare, il s'en va,
Comme la vie à petits pas...
Un jour de brume
Couleur de plume,
Il s'en va sous mes yeux
Sans un adieu...
Il reviendra un jour...
Je fais un vœu... d'amour...

Dans les heures rondes
De cette attente lente,
L'inaction invente
D'immobiles secondes…

J'admire

Tu heureux

Elle délicat

Nous intelligeons

Vous artistes

Ils seront… simplicité ….

Voici l'histoire
D'un miroir
Qui ne voyait rien...
Ni rien,
Ni personne,
Pas une âme, pas une forme...
Et tu es venu
De ce monde inconnu,
Le miroir a pris vie
Simplement il a compris...
C'est l'histoire
D'un miroir
Où se reflète ton histoire...